Günther Goldstein

LÜNEN

Gestern und heute – Eine Gegenüberstellung

Wartberg Verlag

Fotonachweis:
Historische Fotos: Alle Fotos aus dem Stadtarchiv Lünen; darunter die Aufnahmen von:
Justus Pabst S. 7, 14 (unten), 29; Firma Falliner S. 8; Fritz Bette S. 10, 35;
Max Köcke-Wichmann S. 12 (Gemälde); Foto Angenendt S. 16, 40; Foto Erhard S. 19;
Foto Kramer S. 24; Foto Heta S. 42, 58, 61; Cläre Nölke S. 60; Hugo Schmidt S. 67
Aktuelle Fotos: Günther Goldstein

1. Auflage 2002

Satz und Layout: Typographische Dienste U. Weiss, Borken (Hessen)
Druck: Thiele & Schwarz, Kassel
Buchbinderische Verarbeitung: Buchbinderei Büge, Celle

34281 Gudensberg-Gleichen, Im Wiesental 1
Telefon (0 56 03) 9 30 50
www.wartberg-verlag.de
ISBN 3-8313-1023-8

Vom alten Lünen wurde im Jahre 2002 ein großes Stadtmodell geschaffen, ausgestellt im Foyer des Rathauses. Es zeigt die Stadt im Kranz ihrer Befestigungsanlagen: die spätmittelalterliche Neustadt umgeben von der Stadtmauer, den Gräben und den Flüssen Lippe und Seseke, die Altstadt mit Wällen und Gräben gesichert. Eine Brücke verbindet Neustadt und Altstadt. Zwischen 1336 und 1340 wurde das Nordufer aufgegeben, wo der Ursprung der Stadt zu suchen ist; die Kirche, die Mühle am Mühlenkolk, das Pastorat und einige wenige Häuschen an der Kirchhofsmauer blieben erhalten, die ehemaligen Hausparzellen wurden als Gärten weiter genutzt. Weiden und Äcker reichten bis an die nahe Grenze zwischen der Grafschaft Mark, zu der Lünen seit der Zeit um 1300 gehörte, und dem Fürstbistum Münster. Auf der Grenze stand der Lüner Galgen.
Von diesem mittelalterlichen Ortsbild in dem Modell von Dieter Maas war um 1900 noch manches erhalten. Heute, hundert Jahre später, ist wenig geblieben. Die ältesten Bilder in diesem Bildband stammen aus der Zeit um 1900, und sie zeigen eine Lippestadt, die sich aus ihrem Ackerbürgerdasein verabschiedete. Stadtmauer, Gräben und Wälle waren zwar schon weit über 100 Jahre verschwunden, aber der Ortskern hatte sich kaum aus diesem alten Korsett bewegt. Mit der Verlegung des Marktplatzes 1909 kam Bewegung ins Stadtbild. Außerhalb des Stadtkernes dagegen war viel mehr geschehen: Steinkohleförderung und Eisengießerei, Glas- und Holzverarbeitung „auf der grünen Wiese“ führten bald zu größeren Siedlungen abseits des Stadtkernes.
1900 zählte Lünen 8 323 Einwohner. Durch Eingemeindungen und industriellen Aufschwung stieg die Zahl bis 1950 auf 60 544. Auch zahlreiche Kriegsflüchtlinge fanden hier eine neue Heimat. Nun veränderte sich das Bild der Innenstadt stark. Mit dem Beschluss, ein neues Rathaus zu bauen, wurde etwa ein Viertel des Stadtkernes saniert und modernisiert. Und das war erst der Anfang.

Teilansicht aus dem mittelalterlichen Stadtmodell – Bereich Mauerstraße/Silberstraße.

Wie sich Lünen in den folgenden Jahrzehnten entwickelt hat, lässt sich an den Fotografien ablesen: Früher und heute – möglichst vom selben Standort aufgenommen!
Heute ist Lünen das Zuhause von knapp 93 000 Menschen, und gerade in den letzten Jahren hat sich die City mit einem Großprojekt am Marktplatz in eine neue Zeit begeben. Die Stadt ist längst auf dem Wege, sich zu einem attraktiven Mittelzentrum am östlichen Rande des Ruhrgebietes zu entwickeln. Anhand des alten Stadtplanes auf Seite fünf lässt sich die Entwicklung bis in unsere Zeit gut nachvollziehen, zunächst in einem Spaziergang durch die Innenstadt, dann in einem größeren Radius darum herum.
Für die Unterstützung bei der Arbeit an diesem Bildband danke ich ganz besonders dem Leiter des Lüner Stadtarchivs Fredy Niklowitz und dem Leiter des Lüner Museums Dr. Wingolf Lehnemann.

Günther Goldstein

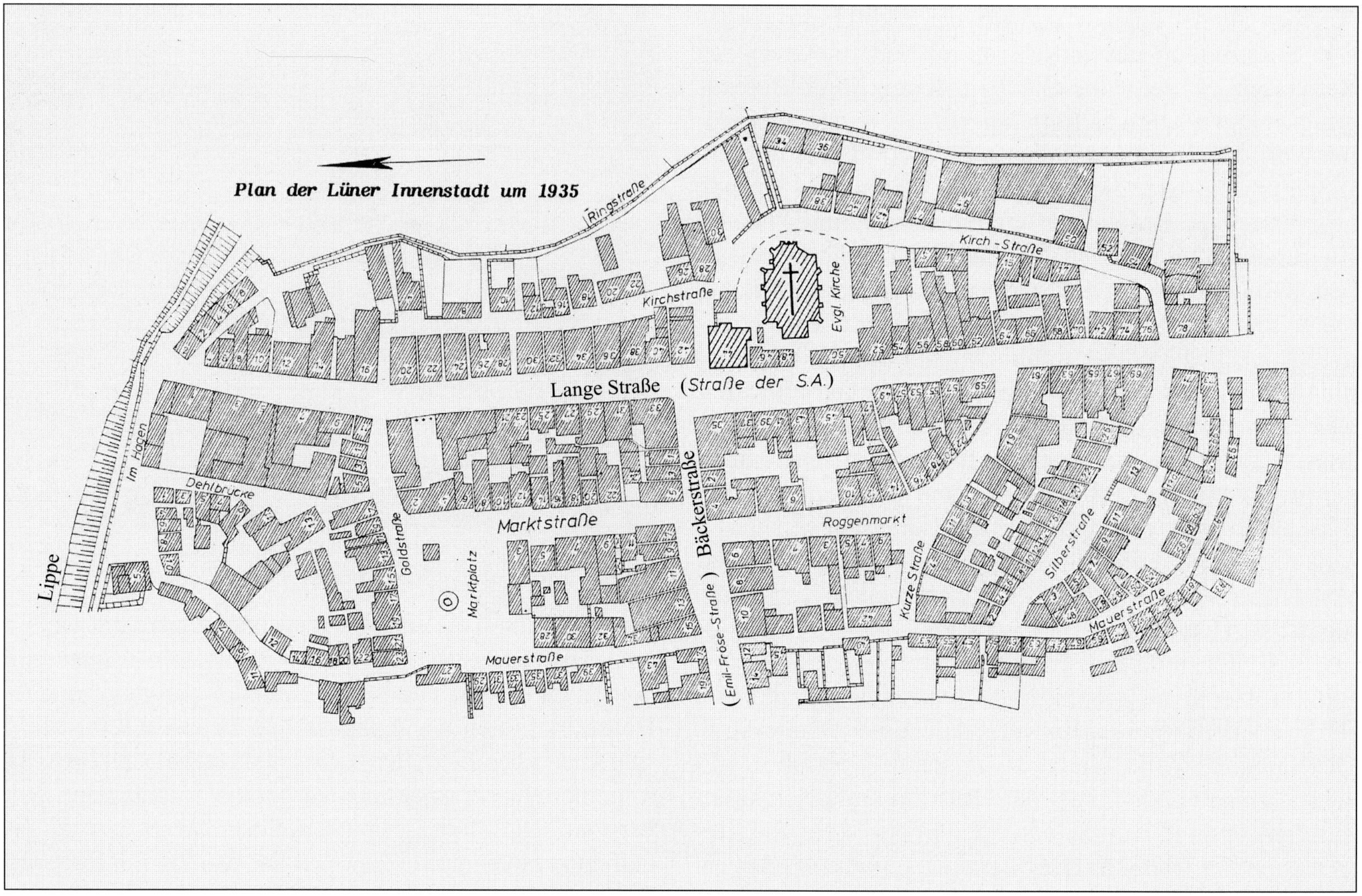

Stadtplan der Lüner Innenstadt um 1935. Deutlich zu erkennen ist, dass sich die einstige Neustadt immer noch in den Umrissen ihrer Befestigungsmauern befindet, die allerdings schon nach dem Siebenjährigen Krieg im 17. Jahrhundert abgetragen wurden. Östlich der Ringstraße gibt es eine Mauer zur Schifffahrtsweide hin, während westlich der Mauerstraße große Gärten auf dem aufgefüllten Stadtgraben liegen. Zum Norden hin bildet das flache Ufer der Lippe die Begrenzung. Die meisten Straßenzüge und einige Gebäude sind bis heute erhalten. Die größten Veränderungen gab es im Bereich Mauerstraße-Marktplatz bis zur Lippe hin. Als Besonderheit fallen in diesem Plan zwei nationalsozialistische Straßennamen auf: Hier wird die Lange Straße als „Straße der S.A.“ bezeichnet, die Bäckerstraße trägt den Namen Emil-Fröse-Straße.

Die Stadtmitte aus der Luft im Sommer 2000, Blickrichtung Osten. Lünen hat sich in alle Richtungen ausgebreitet. Auf dem Nordufer, im Bereich der ehemaligen Altstadt, ist dichte Bebauung zu erkennen. Das Hertie-Parkhaus links neben dem Rathochhaus steht kurz vor dem Umbau zum Großkino und technischen Rathaus. Im Hintergrund liegt der Schwansbeller Wald.

So sah das südliche Ende der Langen Straße 1937 aus, links das Gasthaus Drei Linden. An gleicher Stelle beginnt heute die Fußgängerzone. Das ehemalige Hotel Drei Linden präsentiert sich im Frühjahr 2002 nach der Sanierung im neuen Gewand.

Dass Lünen auch einmal eine Straßenbahn besaß, kann man sich heute kaum vorstellen. Die Linie verlief von Dortmund-Fredenbaum über Derne und Gahmen. Sie war 15,7 Kilometer lang und endete zunächst in der Langen Straße in Höhe des Hauses Körwer. Sie wurde später bis kurz vor den Hauptbahnhof verlängert. 1935 kam dann das Aus. Halterungen der Oberleitung kann man noch heute an den Häusern der Langen Straße 43, 56, 59, 63 und 69 sehen. Autoverkehr gab es auf Lünens Haupteinkaufsstraße bis 1976, ehe sie zur Fußgängerzone umgebaut und im November des Jahres eröffnet wurde.

Die Westseite der Langen Straße in Höhe des alten Marktes 1934.

In der Mitte der Langen Straße stand seit dem Mittelalter das Lüner Rathaus, hier in einem Bild von 1903. Davor lag der Marktplatz, dahinter die Stadtkirche. 1847 ersetzte der hier abgebildete Bau das ältere Gebäude. Der Balkon-Vorbau wurde 1937 abgerissen, das Wappen gelangte in das Museum der Stadt. Als Lünen nach dem Krieg stetig wuchs, wurde das heutige Rathochhaus geplant und am 5.10.1960 von Willy Brandt eröffnet. Auf dem Platz des alten Rathauses steht heute das Modehaus Holthoff. Dahinter mündet die Stadttorstraße.

Ein Blick vom alten Markt in den nördlichen Teil der Langen Straße Anfang der 50er Jahre. Die Kanne von Kaisers Kaffee leuchtet am Eckhaus zur Bäckerstraße. Anstelle der stattlichen Nachkriegslimousinen flanieren jetzt Fußgänger durch die Geschäftszone.

Aus den Fahnenluken des Marienkirchturmes hat man einen herrlichen Blick über die Lippestadt, früher wie heute. Das historische Foto, zu Anfang der 50er Jahre aufgenommen, zeigt ein beschauliches Städtchen auf dem Südufer der Lippe. Die Schifffahrtsweide links ist noch unberührtes Grünland, während sich große Gärten rechts am Wallgang an die Innenstadt schmiegen. Auf dem Nordufer der Lippe unterhalb der Behelfsbrücke stehen die Gebäude der Blechwarenfabrik Quitmann. Das heutige Lünen präsentiert sich aus dieser Sicht mit seinem jüngsten Projekt, dem Kino samt Parkhaus und technischem Rathaus, neben dem Rathochhaus und dem Karstadt-Kaufhaus. Aus der Schifffahrtsweide leuchtet hell das Veranstaltungszentrum mit Theater, Hansesaal und Hotel am Stadtpark. Quitmann ist dem Lippezentrum gewichen und die Lippe hat 1975 eine Bogenbrücke erhalten.

SATURN

Das historische Foto oben zeigt das Südufer der Lippe im Bereich der Straße Im Hagen bei hohem Wasserstand, rechts die Schreinerei Weischenberg. Auf dem Gemälde von Max Köcke-Wichmann, das im Lüner Museum hängt, ist die Lippefurt zu erkennen.

In den Chroniken der Stadt Lünen ist immer wieder von großen Überschwemmungen der Innenstadt durch die Lippe zu lesen. Selbst Häuser wurden dabei mitgerissen, auch stand das Wasser in der Stadtkirche. Auf dem Bild von 1930 (Foto linke Seite, oben) hält sich das Lippehochwasser noch in Grenzen. Ab Anfang der 30er Jahre wurde der Fluss in der Innenstadt mit hohen Betonmauern eingedeicht. Damit er wieder ins Blickfeld der Menschen kommt, wurden die Mauern jüngst durchbrochen und mit Gittern versehen. Auf dem Gemälde von 1929 (Foto linke Seite, unten) ist die Lippefurt zu sehen, wo in der Reichspogromnacht 1938 jüdische Mitbürger in den Fluss und in den Tod getrieben wurden. Für sie und weitere Opfer wurden die vier Stelen unweit der Brücke aufgestellt.

Schreinerei Weischenberg, Im Hagen, Anfang der 30er Jahre.

Im Hagen Ecke Dehlbrücke 1930.

Ein Blick in die Straße Im Hagen von der Lippebrücke her, 1933 aufgenommen.

Die Straße Im Hagen hat durch den Bau des Großkinos 2001/2002 ein völlig neues Gesicht bekommen. Der Haupteingang des Kinos befindet sich an der Stelle, an der in der Stadtmauer bis ins 18. Jahrhundert der „weiße Turm“ stand. Die letzten Fachwerkhäuser, die hier später standen, waren schon Jahrzehnte zuvor abgerissen worden. Die Dehlbrücke ist fast verschwunden und bildet heute nur noch eine Zufahrt in den Innenhof der neuen Bebauung.

Die Ringstraße, von der Langen Straße aus gesehen, Mitte der 20er Jahre.

Ebenfalls von 1920 ist diese alte Postkarte, welche die Ringstraße in umgekehrter Richtung zeigt.
Dass ein Teil der alten Häuser heute noch erhalten ist, zeigt die neue Aufnahme. Nur eines der alten Gebäude wurde beseitigt und das Grundstück neu bebaut.

Einfahrt in die Dehlbrücke von der Goldstraße aus in den 30er Jahren.

Eröffnung des Textilhauses Büchler Dehlbrücke/Goldstraße am 26.9.1952.

Die Goldstraße, die bis 1896 Fuhrweg hieß, war bis in die 50er Jahre auf der Nordseite durchgehend bebaut, bis sie auf die Mauerstraße traf. Sie bildete so den nördlichen Abschluss für den neuen Marktplatz. Bei der großen Sanierung um 1960, bei der Rathaus, Kaufhaus und Parkhaus entstanden, blieb von der Goldstraße nur etwa ein Drittel übrig, die Dehlbrücke verschwand hier gänzlich. Heute stehen noch zwei der alten Häuser, im aktuellen Bild rechts zu sehen, hinter ihnen mündet die Dehlbrücke. Dort befindet sich heute das Modegeschäft Schneider.

Die Goldstraße um 1900. Hinter den ersten fünf Häusern von links ging es in die Dehlbrücke. Nur die rechten zwei Gebäude konnten sich bis in unsere Tage erhalten, alle anderen fielen der Verlegung des Marktplatzes zum Opfer oder wurden durch Neubauten ersetzt.

◀ Der neue Markt mit der alten Kastanie in den 30er Jahren. Rechts die letzten Häuser der Goldstraße, im Westen die Häuser der Mauerstraße, heute Standort des Rathauses.

▶ Die Schablünter Gasse ging von der Goldstraße ab und war eine der fünf Brandgassen in der Innenstadt, Baulücken, die das Übergreifen von Feuersbrünsten verhindern sollten. Das Wort „Schabbelünter" stand für einen hinterhältigen Menschen, Schuft oder Betrüger.

◀ Blick über den Markt auf die Goldstraße um 1930, rechts steht heute das Kaufhaus Müller.

Ein Markttag im Jahr 2002. Funktionale Verkaufswagen haben die bunten Marktstände zum Teil verdrängt. Das neue technische Rathaus leuchtet an diesem Morgen in der Sonne. Auf der rechten Bildseite befindet sich das Kaufhaus Müller, an der Ecke zur Goldstraße.

►Ein Markttag in den Nachkriegsjahren vor den Häusern der Mauerstraße.

▼Ein Markttag im Jahre 1934. Wo hier die bunten Stände stehen, befindet sich heute das Kaufhaus Karstadt, die Häuser im Westen sind durch das Rathaus ersetzt und die Gebäude rechts sind dem heutigen Markt gewichen.

Seinen ersten regelmäßigen Wochenmarkt erhielt Lünen am 30. Oktober 1838. Er fand jeden Dienstag in der Langen Straße vor dem Rathaus statt. Drei Jahre später kam der Freitag jeder Woche hinzu. 1910 wurde durch den Abbruch einiger älterer Häuser der neue Marktplatz eingerichtet. Mit dem Bau des Hertie-Kaufhauses Ende der 60er Jahre rückte der Markt nach Norden auf seinen heutigen Platz. Seine letzte Korrektur bekam er durch den Neubau des technischen Rathauses. Seit einigen Jahren ziert ihn die Skulpturengruppe „Marktfrauen“ des Lüner Bildhauers Andrzej Irzykowski.

▲ Aus der 14. Etage des Rathochhauses fällt der Blick heute auf den großen Block des Karstadt-Kaufhauses rechts und das neue technische Rathaus links, das vor dem alten Parkhaus errichtet wurde.

◀ Ein Blick vom Rathochhaus nach Osten 1964. Das Hertie-Kaufhaus gibt es noch nicht. Hinter der Stadtkirche leuchtet auf der Schifffahrtsweide das Hilpert-Theater einsam hinter dem Band der neuen Umgehungsstraße. Rechts unten ist das Haus Gundermann zu sehen.

Ein Blick nach Norden in die Königstraße um 1900, die 1922 zur Marktstraße umbenannt und nach der großen Sanierung des Bereiches um den neuen Markt in den 60er Jahren weitergeführt wurde bis zur Straße Im Hagen. Auf dem historischen Bild stehen im Norden noch die Häuser der Goldstraße. Heute wird die Marktstraße zu bestimmten Gelegenheiten zum Ausweichquartier des Wochenmarktes, da sie zudem seit vielen Jahren zur Fußgängerzone geworden ist.

So sah bis in die 50er Jahre der nördlichste Teil der Mauerstraße aus. Zu sehen sind hier die Häuser 11, 9 und 7 auf der linken und 12 und 10 auf der rechten Seite. Am Ende traf die Mauerstraße mit der Straße Im Hagen zusammen. Hinter den linken Häusern lagen Gärten, die an den Wallgang reichten. Hinter den rechten Häusern lag einmal ein Teich, der sogenannte Dümmer. Das aktuelle Bild zeigt die neu entstandene Blickachse, die man vom Ostflügel des Rathauses nach Norden auf die St. Marienkirche hat. Rechts befinden sich das technische Rathaus, Parkhaus mit Einfahrtrampe und Großkino. Im Vordergrund steht das Windrad der ehemaligen besinnlichen Zone des Lüner Bildhauers Reinhold Schröder.

Hinter dem Haus Gundermann (rechts) öffnet sich die Mauerstraße zum neuen Marktplatz, fotografiert im Jahre 1951. Wie beliebt der Wochenmarkt damals war, zeigt der große Andrang von Menschen.
Heute blickt man an dieser Stelle auf die Rückseite des Karstadt-Kaufhauses. Die Gaststätte Gundermann gibt es nach wie vor.

Der Südteil der Mauerstraße mit Blick auf den Turm der Pfarrkirche Herz Jesu in einer Aufnahme von 1937.

Der erhaltene Teil der Mauerstraße gehört heute mit zum alten Lüner Quartier, in dem noch ein wenig von dem Geist der ehemaligen Ackerbürgerstadt zu spüren ist. Gefühlvoll wurde die bewahrte Bausubstanz mit Neubauten aufgefüllt und zu einem Gesamtbild gestaltet. Besonders in den Sommermonaten sorgen hier die Kneipen und Restaurants für buntes Treiben.

Im Haus Silberstraße 5 gab es 1908 einen kleinen Kolonialwarenladen. Sein Eigentümer war Karl Hesse, seines Zeichens Müller und Kolonialwarenhändler. Er steht hier links in der Tür im stolzen Alter von 88 Jahren, neben ihm Fräulein Frieda vom Hofe und Mimi Klocke. Das Haus Hesse wurde jüngst von Grund auf renoviert, und sogar das alte Kolonialwaren-Schild prangt wieder über der Eingangstür.

1910 entstand diese Aufnahme von dem Haus Silberstraße 13, neben dem ein herrlicher Kleinlastwagen abgestellt ist. Der Schuster Franz Klocke hatte hier gerade seine Werkstatt eingerichtet. Zuvor war von 1893 bis 1902 die höhere Töchterschule der Stadt Lünen in dem Gebäude untergebracht. Heute finden auf dem kleinen Platz vor dem Haus Nachbarschafts-Veranstaltungen statt, besonders zur „Lünschen Meß“.

Roggenmarkt von der Bäckerstraße aus nach Süden gesehen 1953 (Foto oben) und 1900 (Foto unten). Wegen seiner Form nannte man diese Straße im 18. Jahrhundert „im halben Mond“. Hier standen große und prächtige Fachwerkhäuser.

Nur wenige dieser alten Gebäude sind erhalten geblieben, doch auch die Neubauten haben den Charakter des alten Roggenmarktes bewahren können. Mehrere Gaststätten geben der Straße heute ihre besondere Note.

In dem Haus Roggenmarkt 22 war um 1930 der Hufschmied Schwenke ansässig. Die historische Aufnahme entstand vom Hauseingang des gegenüberliegenden Gebäudes aus. Kinder spielen vor dem Haus. Das abgestellte Fuhrwerk deutet auf Arbeit für den Hufschmied. Die Schmiede ist längst Vergangenheit, aber das Haus Nummer 22 steht heute noch.

Die alte Kastanie auf dem kleinen Platz im Roggenmarkt am Abzweig zur Kurzen Straße (historisches Foto von 1930) steht immer noch. In dem Eckhaus dahinter wurde am 12. Januar 1847 der erste Kindergarten in Westfalen eröffnet. Das aktuelle Foto zeigt den dort entstandenen Neubau, in dem es jetzt feine italienische Gerichte zu speisen gibt. In die Bildmitte ragt eine Brunnenfigur, die einen Mann mit einem Roggensack über der Schulter zeigt. Sie erinnert an die Ursprünge der Straße.

Der heutige Wallgang ist praktisch der verfüllte mittelalterliche Stadtgraben. An seinem nördlichen Ende steht das Rathochhaus. Vor dessen Bau gab es hier große Gärten mit Gartenhäuschen, die für den Rathausbau abgerissen wurden. Das Bild oben links zeigt die Familie Middendorf bei eben dieser Arbeit. Direkt an der Lippe stand das Haus des Brückenwärters (Foto oben rechts, um 1924). Es verschwand in den ersten Nachkriegsjahren.

Der Wallgang auf einer Postkarte von 1908, aus dem Turm der Herz-Jesu-Kirche fotografiert. Auf der linken Seite ist das Restaurant „Lüner Hof“ zu sehen. Dahinter liegen die Lippeauen. Der gleiche Blick vom Turm 94 Jahre später zeigt den Wallgang als Grüngürtel um die Innenstadt. Unter den Gärten liegen die alten Befestigungen und Gräben aus dem Mittelalter. Links daneben war das alte Bett der Seseke. Die äußeren Häuser der Mauerstraße rechts stehen zum Teil auf den Fundamenten der Stadtmauer. Zum Norden hin lässt die Grünfläche vor dem Rathaus den alten Wallgang erahnen.

Einen Blick in die Kirchstraße in Richtung Norden gewährt die Aufnahme um 1920, etwa von der heutigen Stadttorstraße aus. Das quer stehende Gebäude in der Bildmitte auf der rechten Straßenseite gehörte zu der Arzneimittelfirma Dr. Hermann Thiemann, die sich im Laufe der Jahre bis zur Kurt-Schumacher-Straße ausdehnte. 1983 siedelte die Firma nach Waltrop um, drei Jahre später wurde das alte Betriebsgelände in Lünen mit Wohn- und Geschäftshäusern bebaut.

Um die Rückseite der Stadtkirche machte die Kirchstraße einen Bogen. Das Haus 38 gehörte früher dem Schulverband und war Lehrerwohnung. 1857 wurde es von der evangelischen Gemeinde übernommen und später Küsterhaus. Links neben dem Gebäude, auf dem mittleren Foto von 1935, war ein Durchgang zur Synagoge. Das Foto unten entstand im Frühjahr 1954.

Im Januar 1968 wurde das Küsterhaus abgerissen. Auf dem gesamten Gelände hinter der Stadtkirche, eingeschlossen der ehemalige Standort der Synagoge, entstanden die neuen Gebäude des Gemeindezentrums von St. Georg, die dadurch eine Unterbrechung der Kirchstraße herbeiführten. Das aktuelle Foto zeigt den kleinen Platz hinter der Stadtkirche.

Ein Blick nach Norden in den südlichen Teil der Kirchstraße mit den Häusern Nummer 11 und 9, dahinter quer die alte Stadtschule und der Turm der Stadtkirche. Dieser Bereich sieht heute ganz anders aus: Das alte Straßenbild ist Neubauten, Parkflächen und Hinterhöfen gewichen.

Die Häuser Kirchstraße Nummer 52 und 54 lagen am südlichen Straßenende, dann ging es mit einer Kurve in die Lange Straße. Das Haus in der Mitte hinter der Kindergruppe war bei seinem Abriss 300 Jahre alt. Die Situation hat sich hier heute völlig verändert. Mit dem Hochhaus, dessen Fundamente zum Teil in dem alten Befestigungsgraben stehen, wurde ein markanter Eingang zur Fußgängerzone geschaffen. Der Innenhof bedeckt hier die ehemalige Kirchstraße, die an dieser Stelle bis 1906 Geiststraße und davor Sandweg hieß.

In der Bäckerstraße 4, an der Ecke zum Roggenmarkt, hatte Dr. Ludwig Althoff seinen Wohnsitz. Heute steht dort ein großes Kaufhaus.

Das Textilhaus Weischenberg (kleines Foto) in der Bäckerstraße 16 um 1914. Das Schaufenster wird geteilt von einer Gusssäule aus Lüner Produktion. Die Firma Weischenberg gibt es heute noch. Sie befindet sich in den Neubauten (Hausnummer 14) auf der rechten Straßenseite.

Die Münsterstraße bis zur Hausnummer 11 mit Blick in südliche Richtung, fotografiert 1951.

Das Deutsche Haus oder Haus Sandmeyer war eines der alteingesessenen Gasthäuser der Stadt, hier in einer Aufnahme um 1900.

Auf dem südlichsten Teil der Münsterstraße, beginnend an der Lippebrücke, haben die größten Veränderungen Ende der 70er und Anfang der 80er Jahre stattgefunden. Auf dem ehemaligen Quitmann-Gelände entstand das Lippezentrum (links). Wo früher das Deutsche Haus stand, steht nun die Deutsche Bank (Mitte) und im Haus der ehemaligen Bäckerei Joseph Rieks (rechts) ist heute eine Lüner Tageszeitung ansässig.

Die alte Lippebrücke präsentiert sich auf einer Postkarte aus den 20er Jahren. Mit den Gebäuden der Fabrik Quitmann (links) beginnt hier die Münsterstraße. Die Brücke wurde 1945 beim Rückzug der deutschen Truppen von der Wehrmacht gesprengt. Von der neuen Bogenbrücke aus dem Jahr 1975 nach Norden bildet die Münsterstraße heute den nördlichen Teil der Fußgängerzone. Ein Künstlerwettbewerb bescherte dem Bauwerk im Frühjahr 2002 eine raffinierte Beleuchtung, entworfen von Gilbert Pink.

In dem Eckhaus Münsterstraße 15 befand sich die Metzgerei Kemper, hier in einer Aufnahme von 1931. Rechts daneben geht der Blick in die Gartenstraße. Das aktuelle Foto zeigt den großen Wandel an dieser Stelle. Große Wohn- und Geschäftsneubauten haben die kleinen Fachwerkhäuser ersetzt.

Wenige Meter in die Gartenstraße hinein lag die Lüner Molkerei an der Ecke zur Hohen Straße, hier in Bildern von 1931 und 1960. 1892 wurde sie als Genossenschaft gegründet. Zuletzt war sie eine Niederlassung der Bochumer DOBOMIL, die den Betrieb 1978 aufgab, das Gebäude wurde abgerissen. Mit ihm verschwand auch die gesamte Hohe Straße. Zwischen Lippe- und Gartenstraße wurden in einer groß angelegten Sanierung Wohn- und Geschäftshäuser errichtet.

Dort, wo sich die Münsterstraße, die Cappenberger Straße und die Erzbergerstraße treffen, stehen zwei markante Gebäude: das Wohn- und Geschäftshaus Quitmann, erbaut 1899, und schräg gegenüber das Gasthaus Zur Post (Köster). Zu ihm gehörte die Pferdekutsche, Stall und Remise befanden sich rechts neben dem Gebäude. Die Fotos stammen aus der Zeit um 1910.

Beide Gebäude sind heute noch erhalten und wurden in moderne Bebauung integriert. Auf dem Platz davor, der ein Teil der Fußgängerzone ist, steht die grüne Persiluhr, deren erstes Exemplar 1928 aufgestellt wurde. Damals war sie ein beliebter Treffpunkt bei Verabredungen. Zur Eröffnung der verkehrsberuhigten Zone in diesem Bereich wurde 1983 das Nachfolgemodell enthüllt.

Die historische Aufnahme, entstanden um 1950, zeigt den Abzweig der Borker Straße von der Cappenberger Straße am Kriegerdenkmal. Linker Hand ist das Gebäude der Stadtsparkasse zu sehen, rechts steht die Hauptpost, dahinter befindet sich das Haus der Knappschaft an der Einmündung der Heidstraße. Das kleine Foto, 1930 aufgenommen, zeigt Angestellte und Angehörige vor der Knappschaft.

Der Verkehrsknotenpunkt in der heutigen Sicht: Geblieben sind das Sparkassengebäude, davor das erste Denkmal, das in Lünen errichtet wurde, ein Kriegerdenkmal für die Gefallenen des Krieges 1870/71. Die alte Post wurde zum Geschäftshaus und erhielt Anbauten. Durch die neue Umgehungsstraße dahinter, die Kurt-Schumacher-Straße, verschwand die Knappschaft samt Heidstraße. In der Mitte im Hintergrund befindet sich die Lüner Polizei-Hauptwache.

Stadtauswärts lag vor den Bahnschranken an der Cappenberger Straße der Gasthof Hartmann, hier in einer Aufnahme um 1920. Die Gaststätte ist heute noch in Betrieb, die angrenzende Bebauung aber ist verändert.

Von 1939 stammt diese Aufnahme der Cappenberger Straße mit einem Blick in Richtung Innenstadt. Rechts mündet die Reuterstraße ein. Auf dem linken Bürgersteig ragt hinter der Baumreihe das Mietshaus Schulte, Cappenberger Straße 31, fast bis auf die Fahrbahn. Es wurde 1970 abgerissen. An seiner Stelle entstand ein Schulgebäude, in dem heute die Volkshochschule untergebracht ist. Dahinter liegt der Platz des Sägewerkes Hugo Bäumer. Südlich der Schranken ist auf der gleichen Seite der Gasthof Hartmann zu sehen.

Weiter nach Norden lag an der Cappenberger Straße eine andere Traditionsgaststätte: der Schützenhof, hier in zwei Ansichten von 1913 (Foto oben) und 1950. Unweit davon lag an der Schützenstraße der Platz des Schützenvereins von 1332 mit der Vogelstange.

Unterschiedlichste Nutzungen hat der große Gebäudekomplex seit seiner Eröffnung im Jahre 1910 gesehen, von den Schützenbrüdern, über Kegelbrüder, Kinobesucher, Restaurantgäste, Verkaufsmessenbesucher und Supermarkteinkäufer. Heute sind in dem Haus mehrere Geschäfte sowie ein Dentallabor untergebracht.

So sah das Wohnhaus Marienstraße 20 in den 20er Jahren aus. Das Gebäude sucht man heute vergeblich, denn es musste der Konrad-Adenauer-Straße in den 80er Jahren weichen.

Das Gesellenhaus an der Altstadtstraße 18 in einer Aufnahme um 1940. Als 1894 die alte Marienkirche abgebrochen wurde, diente der Saalbau bis zur Fertigstellung der neuen Kirche der Gemeinde als Notkirche. Später fanden hier Zunftveranstaltungen oder Theateraufführungen statt. Die Gastronomie ist heute noch präsent und der große Saalbau wird von verschiedenen Gruppen genutzt.

Das Haus Borker Straße 21 hatte bei seiner Entstehung die Anschrift Beisey 404, benannt nach der Gemarkung, auf der es stand. Auf dem Bild von 1910 ist es im Besitz von Bäcker Bernd Terwey. Drei Jahre später fiel es einem Brand zum Opfer. Wilhelm Eckey errichtete auf dem Grundstück einen Neubau.

Dort, wo heute das Verwaltungsgebäude der Stadtwerke Lünen steht, befand sich bis 1962 ein Haus, das im Volksmund die „Frankenburg“ hieß. Buchhalter Franke hatte es als Hotel errichtet. Doch seine gastronomischen Pläne scheiterten, und so wurde es als Wohnhaus genutzt. Es musste in den 60er Jahren weichen, als die 1905 gegründeten Gaswerke ein größeres Verwaltungsgebäude benötigten.

Die Parkstraße, hier auf einer Postkarte von 1908, wurde als Verbindung von der Innenstadt zum Süd-Bahnhof angelegt. In Blickrichtung Süden hinten links befindet sich das Progymnasium, später Stadthaus, an der Holtgrevenstraße. Heute sind in der Parkstraße viele der alten Villen zu sehen.

Um die Ecke, am Spormeckerplatz, lag das Viktoria-Haus, hier auf einer Postkarte von 1925. Es wurde zunächst von dem Gesellschaft Verein geführt, dann von dem Gastronomen Meyer zum Parkhotel umgebaut. In den 70er Jahren erwarb der Bauverein das Gelände, auf dem heute ein Wohn- und Geschäftshaus sowie die Verwaltung des Bauvereins stehen.

1912 wurde dieses Bild der Dortmunder Straße aufgenommen, rechts der Lüner Hof, im Hintergrund die Häuser der Bäckerstraße. Hinter der Litfaßsäule links befindet sich noch die eiserne Straßenbrücke über die Seseke aus dem Jahr 1883.
Nahezu unverändert präsentiert sich dieser Teil der Dortmunder Straße heute. Alle prägnanten Gebäude in der historischen Aufnahme sind weitgehend erhalten, nur die Seseke ist aus diesem Bereich verschwunden.

Die Dortmunder Straße im Winter 1952 mit Blick auf das Haus der Allgemeinen Ortskrankenkasse (AOK). Bemerkenswert ist das Ensemble der unterschiedlichen Fahrzeuge.

Lüner Hof

Der Lüner Hof, wie er hier auf einer Postkarte von 1928 zu sehen ist, gehört zu den Traditionsgaststätten der Lippestadt. Heute werden dort italienische Gerichte serviert. Im Dachgeschoss hat der Lüner Maler Manfred Kassner sein Atelier.

Das Luftbild der Luisenhütte an der Dortmunder Straße entstand um 1928. 1854 war diese Eisengießerei von Potthoff und Flume gegründet worden. 1973 gab es den letzten Eisenabstich an dieser Stelle, zwei Jahre später wurden alle Hallen abgebrochen. Die Firma ist in die Wethmarheide umgezogen. Heute erinnert nur noch die Villa Potthoff an das alte Industriegebiet, das, wie die Luftaufnahme zeigt, noch im Grünen vor den Toren der Stadt lag.

Auf der anderen Straßenseite, ein wenig weiter in Richtung Dortmund, lag der Gasthof zum Stockey, hier auf einer Postkarte von 1900, 1869 von Dietrich Röttger gebaut. Bis 1975 blieb das Gebäude erhalten, dann wurde es abgerissen und durch ein großes Wohn- und Geschäftshaus mit neuer Gaststätte ersetzt.

Die Dortmunder Straße, hier in Höhe der Gaststätte Westermanns Knapp um 1960 im Bild festgehalten, folgt einer alten Landverbindung, die im Mittelalter als Fernziele Köln mit Hamburg verband. An diesen alten „Ochsenweg“ soll die Ochsengruppe an der Persiluhr erinnern. Auf dem aktuellen Foto erkennt man, dass die Hauptachse nach Dortmund und zur Autobahn A2 enorm ausgebaut wurde, um dem heutigen Verkehrsstrom gerecht zu werden.

Weitere Bücher aus dem Wartberg Verlag für Ihre Region

Kindheit in der Stadt in den 50er Jahren
von Klaus Meier-Ude und Fred Kickhefel
64 S., geb., zahlr. S/w-Fotos
(ISBN 3-86134-315-0)

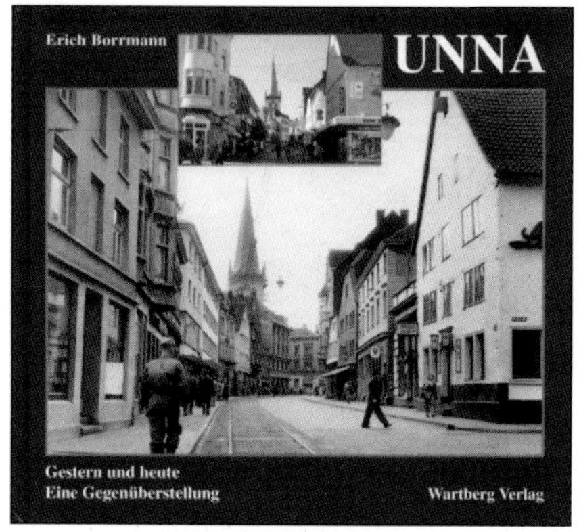

Unna – Gestern und heute – Eine Gegenüberstellung
von Erich Borrmann
72 S., geb., zahlr. S/w- und Farbfotos
(ISBN 3-86134-403-3)

Unna – Bewegte Zeiten – Die 50er Jahre
von Erich Borrmann
Historische Fotografien
72 S., geb., zahlr. S/w-Fotos
(ISBN 3-86134-268-5)

Aus alter Arbeitszeit – Bäuerliche Berufs- und Lebensbilder 1948-1958
von Georg Eurich
80 S., geb., zahlr. histor. S/w-Fotografien
(ISBN 3-925277-34-X)

Dortmund – Bewegte Zeiten – Die 50er Jahre
von Udo Steinmetz
72 S., geb., zahlr. S/w-Fotos
(ISBN 3-86134-306-1)

Dortmund – Luftbilder von gestern und heute
von H. J. Bausch und M. Czerwinski
48 S., geb., mit zahlr. S/w- und Farbfotos
(ISBN 3-86134-463-7)

Wartberg Verlag GmbH & Co. KG
Bücher für Deutschlands Städte und Regionen
Im Wiesental 1 · 34281 Gudensberg-Gleichen · Telefon (0 56 03) 9 30 50 · Fax (0 56 03) 30 83
www.wartberg-verlag.de